# NOTICE

SUR LES

# SS. MARTYRS ABDON ET SENNEN,

ET SUR LE SARCOPHAGE

qui contient quelques-unes de leurs Reliques

et une Eau Miraculeuse,

A Arles-sur-Tech (Pyrénées-Orientales),

PAR M. LE MARQUIS DE CAUSANS.

PERPIGNAN

IMPRIMERIE [illegible] JOB,

[illegible] 18 [illegible]

[illegible]

[illegible]

# NOTICE

SUR LES

## SS. MARTYRS ABDON ET SENNEN.

# NOTICE

SUR LES

## SS. MARTYRS ABDON ET SENNEN,

### ET SUR LE SARCOPHAGE

qui contient quelques-unes de leurs Reliques
et une Eau Miraculeuse,

A Arles-sur-Tech ( Pyrénées-Orientales ),

## PAR M. LE MARQUIS DE CAUSANS.

PERPIGNAN.

IMPRIMERIE DE PIERRE BARDOU JOB,
Rue Saint-Sauveur, 18.
1868.

# AVERTISSEMENT.

Cette notice est un témoignage de reconnaissance envers les saints martyrs Abdon et Sennen.

Le premier projet avait été de faire quelque chose de plus complet; mais, sur l'avis qu'un ecclésiastique savant et distingué du diocèse de Perpignan avait entrepris ce travail, on a cru devoir simplement et sans entrer dans aucune discussion archéologique :

1° Traduire une Notice en vieux catalan, datant de plus d'un siècle, qui contient, outre les détails du martyre des Saints, le récit de la translation de leurs reliques. Elle est l'œuvre d'un Bénédictin du monastère d'Arles. Les Bollandistes ont publié le récit de la translation dans son entier. Quant à la relation du martyre, on y a fait quelques rectifications historiques, empruntées à un ouvrage de M<sup>gr</sup> Bartolini, secrétaire de la congrégation des rites ;

2° Tirer d'une brochure, publiée en catalan, par M. l'abbé Juval, actuellement curé d'Arles, quelques détails sur un sarcophage qui produit une eau miraculeuse, et les réponses aux objections que l'on oppose à ce miracle ;

3° Transcrire les procès-verbaux relatifs à ce miracle ;

4° Citer quelques miracles opérés par l'eau du sarcophage et par l'intercession des Saints Martyrs.

*Puisse cet humble témoignage de reconnaissance être agréé de Dieu et des saints martyrs Abdon et Sennen !*

# NOTICE

SUR LES

# SS. MARTYRS ABDON ET SENNEN.

## I.

### Relation du Martyre des Saints Abdon et Sennen.

Les bienheureux martyrs Abdon et Sennen, persans d'origine, eurent pour berceau, d'après Ammien Marcellin, la ville de Corduena. L'histoire ne nous apprend rien sur leurs premières années; mais, vers la moitié du III⁰ siècle, nous les trouvons rois chrétiens et gouvernant leurs petits états selon toutes les maximes du christianisme.

A cette époque, Décius arriva en Perse à la tête d'une formidable armée romaine, qu'il commandait pour l'empereur Gordien. Une grande victoire le rendit maître de tout le pays, et le premier usage qu'il fit de son triomphe, fut de persécuter les chrétiens qui se trouvaient en grand nombre dans les villes conquises.

A Babylone, il fit saisir, torturer et décapiter des prêtres et des diacres chrétiens, et défendit, sous peine de mort, de leur donner la sépulture. Les saints rois Abdon et Sennen se trouvaient alors dans cette ville, où ils étaient venus, sans doute, pour faire leur soumission aux Romains. Sans tenir compte des menaces de Décius, ils ensevelirent, suivant leur sainte coututume, les corps des martyrs. Irrité de cette infraction à ses ordres, Décius les fit saisir, amener en sa présence et leur dit : « Quelle audace est la vôtre de « braver ainsi ma défense? J'ai donné l'ordre de « laisser sans sépulture ceux qu'a frappés ma justice. « Vous qui osez, contre mes décrets, ensevelir des « criminels, vous faites supposer que vous êtes sem- « blables à eux, que, comme eux, vous méprisez les « dieux, et que vous adorez le même crucifié qu'ils « adorent. »

— « Tu as dit la vérité, répondirent Abdon et « Sennen, avec une liberté toute chrétienne; nous « avons enseveli les morts bien que nous connussions « ta défense, parce que les ordres des supérieurs, lors- « qu'ils sont contraires à ceux de Dieu, ne méritent « pas obéissance. Tu nous soupçonnes d'être chrétiens: « nos actes en fournissent une preuve irrécusable. »

— « Ne savez-vous pas que votre vie est entre mes « mains ?

— « Tu es dans l'erreur, notre vie est entre les « mains de Notre-Seigneur Jésus-Christ, qui est des-

« cendu du ciel sur la terre pour nous sauver; lui
« seul peut nous ôter ou nous laisser la vie. Si tu
« nous fais mettre à mort, c'est qu'il l'aura bien voulu;
« car, sache-le bien, tu ne pourrais, sans sa permis-
« sion, faire tomber un seul cheveu de nos têtes. »

Décius fit alors jeter les saints rois en prison avec
d'autres persans de qualité qu'il destinait à l'ornement de son triomphe, et, sur l'avis qu'il reçut de la
mort de l'empereur, il partit pour Rome, les emme-
nant à sa suite. Philippe, qui avait succédé à Gordien,
était ami des chrétiens. Abdon et Sennen furent donc
mis en liberté et demeurèrent tranquillement à Rome,
où ils trouvaient toute facilité de s'exercer aux pratiques
de leur sainte religion. Mais ce repos ne fut pas de
longue durée : Philippe ayant été assassiné par les
menées de Décius, celui-ci fut proclamé empereur à
sa place, et commença à persécuter cruellement les
chrétiens.

Abdon et Sennen devaient être ses premières vic-
times. Il les fait donc saisir de nouveau et jeter
dans les fers, puis assemblant le Sénat il s'exprime
ainsi :

« Que votre assemblée prête attention, ô Sénateurs!
« Les dieux qui m'ont donné la victoire ont livré entre
« mes mains leurs plus implacables ennemis. Qu'ils
« sacrifient, ou qu'ils meurent pour venger nos dieux
« outragés. »

Les jeunes Rois persans sont introduits alors, chargés
de chaînes, tout brillants d'or et de pierreries. Le Sénat
est frappé d'admiration. Dieu avait, en effet, ré-
pandu tant de grâces sur la personne de ses serviteurs,

que la compassion des assistants remplaçait tout sentiment de fureur. Claudius, grand-prêtre du Capitole,
est mandé; il vient avec les images des dieux et le
trépied sacré.

Décius s'adresse alors aux saints rois : — « Sacrifiez
« à nos dieux et vous serez amis du Sénat et du peuple
« Romain. Dès à présent vous êtes libres, je vous
« donne tous les royaumes que j'ai conquis dans la
« Perse, allez en jouir au nom du peuple Romain : il
« vous accorde paix et alliance éternelle. Si vous re-
« fusez ces offres, sachez-le bien, vous vous exposez
« aux plus grands tourments et à la mort la plus ter-
« rible. »

Abdon et Sennen répondent : « Sacrifie toi-même
« à tes dieux ; nous avons déjà fait le sacrifice de nous-
« mêmes à Jésus-Christ. »

— « Ignorez-vous qu'il y a dans l'amphithéâtre des
« ours et des lions. »

— « Que tardes-tu ? Agis à ton gré, tes menaces
« ne nous feront pas faiblir. Nous mettons toute notre
« confiance en Jésus-Christ, il peut détruire tes des-
« seins et toi-même. »

Décius les livre alors à Valérien, préfet de Rome,
avec ordre, s'ils ne veulent pas sacrifier, de les exposer aux bêtes féroces. Celui-ci les fait conduire devant
une statue du soleil, et ordonne à ses soldats de les
forcer à plier le genoux devant l'idole. — Les martyrs
résistent, et crachent sur la statue en disant à
Valérien : « Fais ce que tu dois, mais n'exige pas de
« nous des adorations forcées. »

On les saisit, on les dépouille de leurs vêtements, on les frappe avec des fouets garnis de plomb; leur chairs sont déchirées, leur sang coule à flots; mais leur courage ne faiblit pas. Ils entrent dans l'amphithéâtre nus, sanglants, mais revêtus de Jésus-Christ et ornés de sa divine grâce. Des ours et des lions affamés sont lancés dans l'arène; ils bondissent avec rage; mais, arrivés près des martyrs, ils s'arrêtent soudain et se couchent à leurs pieds doux et caressants.—« Ce sont « des magiciens, s'écrie Valérius transporté de fureur;» et sur son ordre, une troupe de gladiateurs s'élance dans l'arène, tue les bêtes et égorge les martyrs.

On était au 30 juillet de l'an de Notre-Seigneur 253, jour auquel l'Eglise célèbre leur fête.

Dès qu'ils eurent rendu le dernier soupir, on les traîna devant la statue du soleil où ils demeurèrent exposés pendant trois jours. Au bout de ce temps, un sous-diacre, nommé Quirinus, vint, la nuit, recueillir leurs corps, et les enferma dans un coffre de plomb, qu'il cacha dans sa propre maison. Ils y restèrent jusqu'au temps de l'empereur Constantin : une révélation les ayant fait alors découvrir, on les transporta aux catacombes Pontiennes.

### Récit de la Translation des Reliques des Saints Martyrs.

Transportons-nous maintenant, environ six siècles plus tard, à Arles-sur-Tech, dans le Roussillon. Nous sommes vers l'an 850. La contrée est, d'un bout de l'année à l'autre, dévastée par d'effroyables orages. Plus d'ensemencés, plus de récoltes. Remplis de frayeur, désespérés, les habitants n'attendent plus que la mort. A tous ces fléaux vient s'en joindre un plus terrible encore. Des animaux hideux, semblables à des singes, apparaissent dans la contrée, s'attaquent indistinctement à tous ceux qu'ils rencontrent, les étouffent et les dévorent; ils font plus : ils s'introduisent la nuit dans les maisons, emportent les enfants et vont s'en repaître dans les montagnes.

Tous ces faits, qu'on serait tenté de révoquer en doute, sont attestés véritables et relatés dans le procès-verbal de la translation des reliques des SS. Martyrs.

Cependant les habitants d'Arles et des lieux circonvoisins essayent d'apaiser la colère divine par des jeûnes rigoureux, des processions et des prières continuelles; mais le Ciel est sourd à leurs supplications et les fléaux ne font que redoubler.

Or, il y avait en ce temps-là à Arles un monastère de Bénédictins. Le Père Abbé, nommé Arnulphe, un homme de Dieu, touché de tant de misères et conjurant le Seigneur d'y mettre un terme, part pour Rome. Il veut visiter ses Basiliques et tâcher d'obtenir, par l'intercession des saints Pierre et Paul et de tant d'autres Saints, dont les glorieuses dépouilles reposent dans la ville éternelle, la cessation du terrible fléau. Rome le vit donc, et non sans édification, parcourir ses célèbres stations, humblement, à pied et versant des torrents de larmes.

Un jour, qu'avec grands soupirs et beaucoup de pleurs, il priait dans l'église de Saint-Laurent, le Souverain Pontife y entra, à l'occasion d'une procession, et s'étant aperçu de sa profonde douleur, lui fit dire de le venir trouver. Le saint Abbé obéit, et, arrivé en présence du Saint-Père, lui exposa en détail les malheurs de son pays et le but de son voyage. — « Plaise au Dieu tout-puissant, dit alors le Pape, avoir pitié de vous et vous accorder secours et assistance. » Se prosternant alors aux pieds de Sa Sainteté, le saint Abbé le conjura avec larmes de lui accorder quelques reliques des Saints, dans la persuasion que leur salutaire présence ferait cesser les fléaux. — « C'est avec grande joie, lui répondit le Pape, que je vous accorde votre demande, prenez donc telles reliques qu'il vous plaira. Je ne fais d'exception que pour celles des apôtres saint Pierre et saint Paul et des saints martyrs Etienne et Laurent. Dès à présent demandez et elles vous seront données. » — « Très-Saint-Père, reprit alors le saint Abbé, je rends grâce à Dieu et à votre Sainteté de la faveur que vous voulez bien m'accorder ; mais, permettez-moi de passer la nuit prochaine en prières, pour demander au Seigneur auxquels de ses serviteurs il a réservé la gloire de sauver ma malheureuse patrie. » Le Saint-Père acquiesça volontiers.

La nuit suivante l'abbé Arnulphe, étant en oraison, il lui sembla être transporté dans les catacombes Pontiennes. Là il vit sous terre deux tombeaux richement sculptés : ils contenaient deux caisses de plomb d'où s'échappaient deux ruisseaux de sang. Le saint Abbé supplia alors le Seigneur de lui révéler les noms des Saints dont il voyait sans doute les reliques, et au même moment il entendit une voix qui disait : « Arnulphe, les tombeaux que tu vois renferment les corps des saints rois Abdon et Sennen. » — « Seigneur, s'écria Arnulphe, daignez, je vous en conjure, malgré mon indignité, me les accorder pour protecteurs et sauveurs du pays d'Arles. » — « Rends-toi près du Saint-Père, répondit la voix, demande-lui les corps des saints Abdon et Sennen : ce sont ceux que le Seigneur vous a accordés pour vous délivrer de tous vos maux; et en confirmation de la vérité que je t'annonce, des ruisseaux de sang s'échapperont des cercueils des Saints en ta présence, en celle du Saint-Père et de tout son clergé. »

Le lendemain Arnulphe alla trouver le Pape, et lui rapportant fidèlement la vision qu'il avait eue, il lui demanda très-humblement les corps des saints martyrs Abdon et Sennen, qui devaient se trouver très-certainement dans les catacombes Pontiennes, en l'endroit et dans l'état indiqué par la vision.

Le Saint-Père, fit aussitôt au saint Abbé la plus large concession des reliques qu'il demandait. Puis, faisant annoncer une fête solennelle, il accorda de grandes indulgences à tous ceux qui assisteraient à l'invention des corps des saints Martyrs.

Le jour fixé, le Pape, le collége des Cardinaux, le clergé de Rome et une foule immense de peuple se rendirent en procession aux catacombes Pontiennes. Après les prières et les cérémonies d'usage, le Saint-

Père ordonna de faire des fouilles à l'endroit désigné par Arnulphe. A peine eût-on donné quelques coups de pioche, qu'il s'exhala une odeur très-douce et très-suave : on eût dit réunis en cet endroit tous les parfums de la terre. Quelques instants après on mit à découvert deux cercueils de plomb d'où s'échappait du sang en abondance, et dès lors de grands miracles s'accomplirent; tous les malades assez heureux pour toucher à çe sang furent guéris, à la grande consolation du saint Abbé qui fondait en larmes. La vue de ces merveilles si grandes et si multipliées lui donnait l'espoir d'en voir bientôt s'opérer de plus grandes dans sa malheureuse patrie.

Le Saint-Père lui ayant fait remettre les saintes reliques, il se disposa à partir. D'après un nouvel avertissement du Ciel, il fit faire deux barils à trois compartiments. Le compartiment du milieu contenait les reliques de l'un des Saints; les autres de l'eau ou du vin.

Cette précaution fut très-utile, car dans chaque village où il passait, les cloches se mettaient immédiatement en branle d'elles-mêmes. Les habitants en émoi s'enquerraient aussitôt auprès du saint Abbé de ce qu'il portait dans ses barils : « Je vais m'embarquer « à Gênes, répondait-il invariablement, et ces barils « renferment mes provisions de voyage. » Souvent on perçait les barils; mais on ne pouvait rien découvrir, grâce au stratagème (1).

_______

(1) On sait que dans une partie de la France, et dans le Berri, en particulier, les tonneliers honorent comme leurs patrons les SS. Abdon et Sennen. Ne trouverait-on pas ici l'origine de cette dévotion?

Arnulphe arriva ainsi sans encombre à Gênes. Là, comme il allait s'embarquer, il rencontra sur le bord de la mer une femme possédée; le démon criait par sa bouche : « Je n'ai jamais souffert de si horribles « tourments, parce que les martyrs de Jésus-Christ, « Abdon et Sennen, viennent de Rome dans les barils « que porte cette monture, et tant qu'ils seront là je « ne pourrai avoir de repos. » Le saint Abbé prit un peu de vin dans l'un des barils et le fit boire à cette malheureuse femme, qui se trouva subitement délivrée, puis il s'embarqua sans retard ; mais une demi-heure ne s'était pas écoulée, que les démons, voyant avec rage les saintes reliques se diriger sur Arles, commencèrent à vociférer autour du bâtiment, à la grande frayeur de l'équipage; on les entendait distinctement crier : « C'est la vertu des Sain- « tes Reliques qui nous a forcés de sortir du corps de « cette femme dont nous étions les maîtres : pourquoi « nous en avoir chassés? N'est-ce pas assez des peines « que nous subissons pour nos péchés? Faut-il que « vous nous en ajoutiez de plus grandes encore? Mais « nous allons nous venger. » Il s'éleva, en effet, soudain une si horrible tempête que les pauvres passagers se crurent arrivés au terme de leur existence. Le vaisseau tantôt s'élançait vers le ciel, tantôt plongeait dans l'abîme, sans qu'il fut possible de le gouverner, car ses antennes étaient rompues et son gouvernail emporté. Le saint Abbé se mit alors en prière avec tous ceux qui se trouvaient sur le vaisseau, implorant l'assistance des Saints Martyrs. Tout à coup on vit apparaître à la proue et à la poupe du navire, deux jeunes hommes qui en prirent la direction. Ils firent cesser l'orage, rétablirent le gouvernail et réparèrent tous les dégâts causés par la tempête.

Les marins, pleins de joie, rendirent grâce au ciel et à leurs saints protecteurs. Le reste de la traversée se passa très-heureusement et le saint Abbé débarqua à Cadaquès, en Catalogne, à huit lieues d'Arles. Là il rendit grâce au Seigneur avec les passagers et l'équipage de les avoir miraculeusement sauvés et conduits au port désiré; et, en mémoire de ce miracle, on éleva, sous le vocable des Saints Martyrs, une chapelle dans laquelle se célèbre chaque année, le 24 octobre, une messe commémorative.

Le saint Abbé transporta lui-même les barils sur ses épaules jusqu'au village de La Jonquières, qui se trouve sur la route royale de Barcelone; dès qu'il y entra, les cloches sonnèrent d'elles-mêmes. Au milieu de la foule accourue sur son passage, se trouvait une femme qui portait deux enfants aveugles; elle lui demanda l'aumône pour l'aider à les nourrir. Arnulphe tira du vin des barils et le fit boire aux enfants, qui recouvrèrent la vue aussitôt. Ensuite il s'occupa de louer un muletier pour transporter les barils jusqu'à Arles, et se dirigea lui-même vers cette ville, en passant notamment par les villages du Perthus, de l'Écluse, de Maureillas et de Céret. Partout sur le passage des saintes reliques les cloches sonnaient d'elles-mêmes au grand effroi du muletier, qui n'y pouvait rien comprendre. Aussi, tenté par le démon : « Je saurai « bien, se dit-il à lui-même, ce qu'il y a dans ces barils, « Dieu ou le diable. » Et arrivé à un endroit trèsescarpé et très-dangereux, nommé le Mauvais-Pas, au bas duquel coule le Tech, il poussa si rudement la mule qu'elle roula du bord du précipice jusque dans le torrent. Il s'attendait à la voir mise en pièces, mais il arriva tout le contraire, car la mule, chargée de son précieux fardeau, se rendit, saine et sauve, à Arles, où le muletier et l'Abbé n'arrivèrent qu'après elle.

Comme partout ailleurs, les cloches sonnèrent d'elles-mêmes et la mule ne s'arrêta qu'aux portes du monastère. La population et les religieux accoururent en émoi, et ils virent arriver, avec une grande joie, le saint Abbé qui pleurait de bonheur d'avoir si heureusement accompli sa mission.

On fit de solennelles processions pour remercier le Ciel, et tout le peuple conjura les Saints Martyrs de vouloir bien se faire les protecteurs de la contrée. Une chapelle fut élevée en leur honneur dans l'église du monastère, où on les vénère encore aujourd'hui.

Le pays fut promptement délivré des animaux redoutables qui le désolaient : on les entendit, en s'éloignant, pousser d'effroyables hurlements; et depuis ils n'ont jamais reparu. Les tempêtes et les orages cessèrent également; et si parfois il s'en formait quelqu'un, le peuple accourait en foule implorer les Saints Martyrs à leur chapelle, et la tempête s'apaisait.

## II.

**Le Sarcophage et son Eau Miraculeuse.**

(Traduit en partie d'une Notice en catalan de M. le Curé d'Arles.)

Avant d'entrer, par la porte principale, dans l'église du monastère d'Arles, on aperçoit à gauche une grille de fer; derrière sé trouve un tombeau d'un seul bloc de marbre dont voici la forme et les dimensions à l'extérieur :

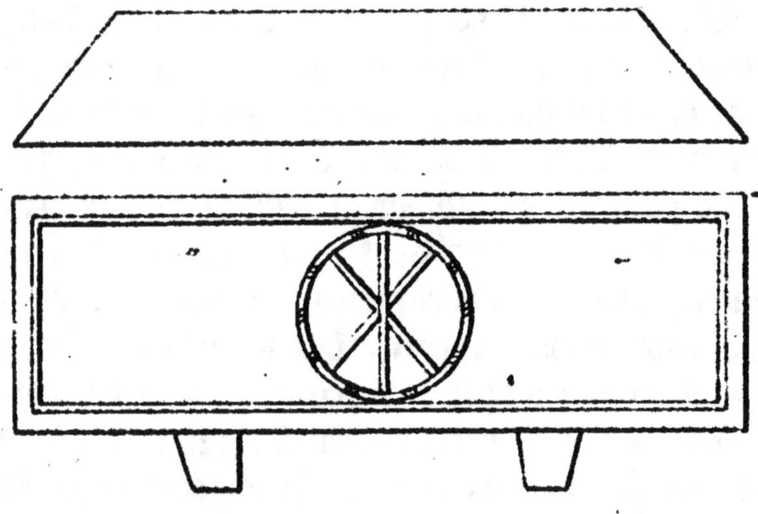

Hauteur, 0,65e.
Longueur, 1,90e.
Largeur, 0,50e.

Sur le côté le plus visible est sculpté une croix grecque, traversée par une barre et entourée d'un cercle.

Le couvercle, fait d'un seul bloc de marbre, haut de 0,40 centimètres, a quatre faces et présente la forme 'd'un prisme triangulaire tronqué.

Enfin, le tombeau est entièrement isolé du sol, sur lequel il ne repose que par deux petits socles de 20 centimètres de haut.

Cette tombe existe à Arles depuis la translation dans cette ville des reliques des Saints Martyrs. Elle contient quelques-uns de leurs ossements et une certaine quantité d'eau. D'après une tradition, dix fois séculaire, cette eau a été apportée de Rome, par l'abbé Arnulphe, dans les barils qui contenaient les Saints-Corps, et versée par lui dans la tombe. C'est un fait avéré, et des plus authentiques, que depuis lors, bien qu'on ait tiré du sarcophage le double et le triple de ce qu'il peut contenir, on n'a jamais pu l'épuiser (1).

Nous constaterons ici un fait qui semblerait, au premier abord, devoir infirmer la croyance au miracle, mais qui, à notre avis, ne fait que la corroborer. Plusieurs fois l'eau a manqué tout à coup dans le sarcophage. C'était tantôt après un temps sec, tantôt après un temps pluvieux. Regardant cet événement comme une punition de Dieu, ou comme l'annonce de quelque calamité, le Curé et les habitants s'efforçaient d'apaiser le Ciel par des prières publiques. Après huit ou quinze jours, quelquefois au bout d'un mois, l'eau reparaissait aussi inopinément qu'elle

_______________

(1) On en a toujours distribué à quiconque en a demandé; et dans l'espace de deux années, il en a été tiré plus de 350 litres.

avait disparu. En sorte que autant de fois le miracle a cessé, autant de fois il s'est renouvelé, recevant un plus vif éclat de son interruption même.

Cette eau a produit en tout temps et ne cesse encore d'opérer les plus salutaires effets contre toute espèce de maladie.

Une conjecture, qui semble admissible, donnerait à cette eau une précieuse origine. Monseigneur Gerbet, qui a si savamment écrit sur les catacombes de Rome, a souvent raconté que parmi les baptistères qu'on y trouve, le seul dont l'eau ne soit pas épuisée, est celui qui se voit devant le tombeau des saints Abdon et Sennen. L'eau y coule comme au temps des persécutions. N'est-il pas naturel de supposer que l'abbé Arnulphe ait pris l'eau des barils dans ce baptistère où furent régénérés tant de chrétiens plus tard martyrs?

Cette eau a toujours été considérée comme miraculeuse; pieuse croyance que semble confirmer la vénération qu'ont manifestée d'illustres prélats, et en particulier NN. SS. de Saunhac et Gerbet, évêques de Perpignan; de Courvoisi, évêque de Blida, *in partibus;* et son Eminence le Cardinal Prince de Croï, archevêque de Rouen.

Des savants, après avoir analysé cette eau, l'ont trouvée naturelle, potable, mais distillée, et un grand nombre de personnes, s'appuyant sur la tradition et sur le témoignage des habitants d'Arles, l'ont déclarée incorruptible. Personne n'ignore qu'une eau quelconque, si bien distillée qu'elle soit, ne tarde pas à se corrompre dès qu'elle est en contact avec l'air atmos-

phérique, qui, rempli d'une multitude de petits in-
sectes, dépose en elle des germes de corruption.

Comment se fait-il donc que l'eau de la tombe,
exposée à l'air de quatre côtés par les joints du
couvercle, et demeurant en stagnation au fond d'un
sarcophage qui n'est jamais purifié, soit toujours limpide comme un cristal et agréable à boire ? C'est pour-
tant un fait irrécusable, et il y a des personnes qui,
l'ayant conservée pendant trente ans, cinquante ans
et plus, l'ont toujours trouvée inaltérable.

Un Prélat éminent a raconté à l'auteur, qu'il plaça,
pendant plus de deux ans, un flacon de cette eau sur
le marbre d'une cheminée à la prussienne, où il
entretenait l'hiver un feu continu : « Le marbre était
« si chaud, disait-il, que l'on n'aurait pu y tenir la
« main. Cependant l'eau du flacon ne s'est pas al-
« térée et n'a pas même diminué d'un millimètre. »

Vers le milieu du siècle dernier, une réunion de
personnes illustres fut chargée d'examiner cette tombe
et déclara que la reproduction, l'abondance et l'incorruptibilité de cette eau ne pouvait s'expliquer que par
un miracle continuel.

Au mois de mai 1794, arriva dans la ville d'Arles,
qui venait d'être évacuée par les Espagnols, un corps
d'armée dit des Allobroges. Ces profanateurs de tout
ce qui était saint, renversèrent le couvercle de la
tombe, la profanèrent; et, après l'avoir jetée sur la
place publique, ils la remplirent d'immondices. Elle
resta six mois en cet état. Fort heureusement des
personnes pieuses étaient parvenues à sauver une
parties des reliques qu'elle renfermait.

Lors du rétablissement du culte, en 1795, les habitants voulurent réparer l'outrage et les dégâts commis.

Avant de raconter le fait prodigieux qui se produisit alors, il convient de faire observer en quel temps et par quelles personnes tout ce qu'on va lire fut fait, vu et certifié.

On n'était pas à une époque de ce prétendu fanatisme religieux, auquel les esprits forts attribuent, sans examen, tous les faits extraordinaires; c'était, au contraire, une époque de fanatisme révolutionnaire, où l'on admettait, tout au plus, l'existence d'un Être-Suprême.

La ville d'Arles avait alors pour curé un prêtre constitutionnel; aussi tous les catholiques sincères s'étaient réfugiés en Espagne, et, sauf quelques exceptions, il ne restait plus dans la ville que des personnes imbues des idées du jour et éloignées des pratiques religieuses.

Cependant ces mêmes personnes résolurent de rétablir le tombeau dans son premier état, tant étaient puissantes et indélébiles, dans le cœur des habitants d'Arles, même les moins religieux, la dévotion aux Saints Martyrs et la foi traditionnelle à l'eau miraculeuse! Elles allèrent donc trouver le Curé constitutionnel, qui leur accorda son concours. Le premier soin fut de purifier la tombe successivement avec de l'eau chaude et de l'eau froide; puis on employa des linges blancs pour l'étancher (1).

---

(1) Plusieurs personnes conservent encore ces linges comme des reliques.

Mais, ô prodige! plus on s'efforçait d'étancher l'eau, plus la tombe devenait humide. Du fond du sarcophage et des parois latérales, on voyait suinter l'eau goutte à goutte. Les témoins de cette scène, comme nous l'avons dit plus haut, subissaient, à leur insu, l'influence des doctrines révolutionnaires qui niaient le surnaturel; aussi n'en pouvaient-ils croire leurs yeux. Le cri : Au miracle! eut voulu s'échapper de leurs lèvres comme il s'échappait de leur cœur; mais, ainsi qu'ils l'ont raconté depuis, un faux sentiment de honte les paralysait. L'un deux cependant n'étant plus maître de son émotion, s'écrie : C'est un miracle! Ce fut comme un signal; ce même cri : C'est un miracle! vole de bouche en bouche, et tous les yeux répandent des larmes de joie et de reconnaissance.

Marguerite Berdaguer et d'autres déposèrent de nouveau dans le tombeau les reliques qu'elles avaient soustraites à la profanation et on replaça le couvercle sans l'assujettir. A l'entrée de la nuit du même jour, quelques personnes voulurent mesurer la hauteur de l'eau au fond de la tombe; ils en trouvèrent à peu près 3 centimètres. Environ quinze jours plus tard, on visita de nouveau la tombe, qui se trouva en contenir 25 centimètres. Le couvercle fut alors scellé avec des crampons de fer, tel qu'on le voit aujourd'hui.

Depuis cette époque, tous les témoins de ce fait merveilleux n'ont cessé, tant qu'ils ont vécu, de publier et d'affirmer, de la manière la plus énergique, qu'ils l'avaient vu de leurs yeux et touché de leurs mains. Plusieurs l'ont certifié et signé sous la foi du serment, ainsi que le constate le procès-verbal rapporté à la suite de cette Notice.

Sans prétendre donc devancer les décisions si sages et si prudentes de l'autorité ecclésiastique, auxquelles nous nous soumettrons toujours respectueusement, qu'il nous soit permis d'exprimer ici notre conviction, qui nous semble devoir être partagée par toute personne raisonnable. En voyant depuis quarante années ( c'est M. le Curé d'Arles qui parle,) la conservation, la reproduction et l'incorruptibilité inexplicable de cette eau, il nous semble bien difficile, ou, pour mieux dire, impossible d'attribuer un tel effet à une cause naturelle.

### Réponses à certaines objections contre l'Eau de la Tombe.

( Traduit d'une Notice en catalan de M. le Curé d'Arles. )

Certaines gens, pour excuser leur vie toute matérielle, ont résolu de n'admettre aucune des œuvres que le Tout-Puissant accomplit par ses Saints, et d'autres, croyant posséder un esprit assez perspicace pour expliquer tout ce qu'ils voient, disent que l'eau est introduite par un conduit intérieur, qui traverse l'un des deux supports de la tombe.

Supposons qu'il en soit ainsi, l'eau viendrait nécessairement d'une fontaine naturelle ou d'une fontaine artificielle. Si la fontaine était naturelle, une fois la tombe pleine, l'eau continuerait de couler et de s'échapper, soit par les joints qui se trouvent entre elle et le couvercle, soit par le trou même qui sert à la tirer. D'où vient donc que cela ne s'est jamais vu? Si la fontaine est artificielle, où est le réservoir? Qui l'y met? Qui la mesure? Qui la distille? C'est ce que tout le monde a ignoré jusqu'à présent. Beaucoup d'examens ont été faits à différentes époques pour savoir s'il y a quelque conduit : tous ont fourni la preuve du contraire (1). Il y a environ 20 ans, l'eau venant à se perdre insensiblement par une petite fente à la partie inférieure de la tombe, on la souleva à une hauteur de 0,75ᵉ, pour pouvoir travailler plus facilement à la boucher; nous avons vu, dit M. le Curé d'Arles, et toute la paroisse avec nous,

---

(1) Voyez le procès-verbal de l'an 1752, page 38.

durant dix jours qu'elle resta suspendue, que les deux pierres étaient intactes et sans aucune apparence de conduit.

D'autres prétendent que la pierre étant spongieuse, a la propriété de décomposer l'air et d'absorber l'eau de l'atmosphère.

Si une pierre de marbre blanc de deux centimètres d'épaisseur possède une telle propriété, que les chimistes, les naturalistes, ou celui qui le pourra, explique ce mystère. Là dessus nous confessons notre ignorance; il nous semble seulement que si la pierre était assez poreuse et spongieuse pour absorber l'eau, elle devrait nécessairement aussi la laisser échapper.

L'existence de cette eau s'explique tout naturellement, affirment certains esprits qu'aucune difficulté n'embarrasse; elle provient de la pluie, assurent-ils d'un air de triomphe. Qu'ils examinent bien la forme de l'unique pierre qui couvre la tombe : elle est semblable à la toiture d'un édifice à quatre façades, sans pignon et affleure exactement les quatre faces latérales du sarcophage.

D'après cela, pour que l'eau s'introduise dans la tombe au moment où elle arrive à la jointure des pierres, il faudrait que, tombant sur un corps dur et incliné, elle abandonnât la perpendiculaire pour suivre une ligne horizontale de deux centimètres (1). Admettons que cela soit possible; mais comment pourrait-on affirmer et démontrer que cette eau pluviale s'y

---

(1) La cause de ce phénomène peut s'expliquer jusqu'à un certain point par les lois de la physique. Le sarcophage qui contient cette eau est situé en plein air, sur deux supports en pierre

ramasse en une quantité aussi considérable que celle qui se dépense tous les ans; comment expliquer surtout son incorruptibilité? Quant à nous ( dit M. le Curé d'Arles), qui depuis près de quarante ans sommes chargés de distribuer cette eau précieuse aux nom-

---

qui l'isolent du sol et qui l'éloignent un peu du mur le long duquel il est placé, afin de montrer qu'il n'y a pas de supercherie; son couvercle, taillé en prisme, ne se joint pas si exactement à l'arche qu'il ne reste entre deux un petit intervalle sur une foule de points. L'eau de la pluie, glissant sur la double pente du couvercle, peut tomber dans l'arche, en vertu de cette loi de cohésion qui force les liquides à suivre quelque temps le dessous horizontal des corps sur lesquels ils coulent, circonstance si bien connue des architectes de l'antiquité, que pour éloigner l'eau de la pluie des frises des entablements, ils donnaient une inclinaison de dedans en dehors aux plafonds des parties saillantes de la corniche qui porte le nom de larmier, partie sur laquelle ils ont même, par ornement, placé des petites parties rondes détachées, qui portent, encore de nos jours, le nom de gouttes : c'est ce qui se passe journellement sous les yeux de toute personne qui verse lentement l'eau contenue dans un vase quelconque : l'eau coule le long du vase au lieu de s'épancher par un jet direct. L'explication que nous donnons ici, n'est qu'une amplification de celle donnée, il y a une soixantaine d'années, par le médecin Anglada, père du savant auteur du *Traité des Eaux minérales des Pyrénées-Orientales*, mais elle ne satisfait pas complètement. Il est bien constant, bien avéré par une foule de personnes sans passion comme sans préjugés, que la quantité d'eau qu'on tire de ce sarcophage est très-considérable; les nombreuses fioles dans lesquelles on met cette eau ainsi retirée de ce réservoir, sont en verre, en forme de calebasse de pèlerin, et contiennent près d'un demi-litre; le volume d'eau ainsi puisé dans un grand nombre de circonstances et sur une simple demande, paraît excéder de beaucoup celui de la pluie qui pourrait s'introduire dans l'arche et qui s'y introduit réellement.

( Guide en Roussillon.)

breux fidèles qui en réclament, nous avons observé que souvent elle était plus abondante par un temps sec que par un temps humide, et, ce qui est plus merveilleux encore, nous avons vu (mais une seule fois), au milieu d'un été très-sec, l'eau déborder de la tombe, et nous en fîmes part à MM. Joseph de Guardia, Abdon Julia et autres que nous trouvâmes sur la place publique.

Certaines personnes, tout en croyant au miracle de l'eau, désireraient que, pour enlever tout prétexte aux incrédules, on couvrit la tombe d'un toit. Ne serait-ce pas là tenter Dieu, et s'opposer, en quelque sorte, à ce qu'il a voulu depuis neuf siècles? Dieu, en effet, avait déjà fait connaître au saint abbé Arnulphe l'emplacement des corps des Saints Martyrs, il lui avait inspiré de porter de l'eau depuis Rome jusqu'à Arles. S'il eut voulu que la tombe fut placée dans l'église ou sous quelque couvert, qui peut douter qu'il ne lui eut manifesté sa volonté sur ce point, et que le saint Abbé ne se fut empressé de s'y soumettre? Qu'on le laisse donc dans la position qu'il occupe depuis des siècles, ce monument aussi vénérable par son antiquité que par la dévotion de tant de générations !

Qui pourrait d'ailleurs s'étonner que ce fait miraculeux trouve des incrédules, quand il n'y a pas d'article de Foi qui n'ait été combattu par quelque hérétique, ni de prodige de la toute puissance Divine qui n'ait été nié ou mis en doute par plus ou moins d'esprits forts? Qui pourra jamais dissiper les ténèbres de ceux qui ont des yeux et ne veulent pas voir, qui ont des mains et ne veulent pas toucher?

Enfin, des esprits hostiles à la religion, pensent et

déclarent que ce sont les prêtres qui versent l'eau dans la tombe.

Laissons de côté l'insulte, l'injure, le mépris dont on couvre par cette imputation le caractère sacerdotal; il faut ne pas se servir de sa raison pour supposer, durant neuf siècles, entre les moines et les abbés, entre les curés et les vicaires, dans le but de tromper la crédulité publique, l'accord le plus parfait, le silence le plus inviolable!

L'esprit le plus simple comprend sans effort l'impossibilité et l'absurdité d'une telle supposition. Un tel silence et un tel accord, seraient un miracle plus grand que la reproduction de l'eau.

Passant sous silence une foule d'autres preuves qui serviraient encore à démontrer la fausseté de cette assertion, nous finissons en protestant, devant Dieu et les hommes, que, depuis le jour où l'on nous a remis les clefs du sarcophage, jamais personne n'y a introduit une seule goutte d'eau.

Quant à ceux qui pourraient encore conserver quelques doutes, nous les prions de lire le procès-verbal suivant : il contient la déposition de 24 témoins qui ont vu, en 1795, l'eau se renouveler dans la tombe.

M. Lagrange, docteur en théologie, curé de Prats-de-Mollo, délégué par Monseigneur l'Evêque de Perpignan, a reçu séparément la déclaration de chacun d'eux, en présence de toutes les autorités et de tous les notables d'Arles, qui ont signé ledit procès-verbal, approuvé par Monseigneur l'Evêque et légalement enregistré.

## III.

## PROCÈS-VERBAUX.

De l'étude de M⁰ Morer, notaire, à Arles-sur-Tech.

Visé pour valoir timbre, à Céret, le 23 février 1826.
Reçu un franc vingt-cinq centimes.     F. Gouzy.

*A Monseigneur Jean-François de Saunhac-Belcastel,*
*Évêque de Perpignan.*

Monseigneur ,

Les membres de la Marguillerie de la paroisse de la ville d'Arles, ont l'honneur de vous exposer les faits suivants : On voit à Arles, à côté de la porte de l'église de l'ancien monastère des religieux bénédictins, aujourd'hui paroisse sous l'invocation des saints martyrs Abdon et Sennen, un tombeau de pierre, qui contient toujours une certaine quantité d'eau limpide, qu'on a toujours cru eau miraculeuse, qu'un prêtre, à ce commissionné, a toujours distribuée aux fidèles qui en demandent. Ce tombeau existe depuis la translation des reliques des mêmes Saints, qu'on a lieu de croire faite du temps de Charlemagne, par l'Abbé du même monastère, nommé Arnulphe, qui fut à Rome, en pèlerinage, pour les obtenir du Saint-Père. Quoi qu'en disent les incrédules, qui ne manquent jamais de prétextes, cette eau ne se corrompt jamais, et les malades en éprouvent des effets salutaires, toutes les fois qu'ils en usent avec une foi vive et une dévotion sincère. Mais une preuve sans réplique vient confondre tous leurs faux raisonnements.

En 1794, après l'évacuation de l'armée espagnole, qui avait occupé le Roussillon depuis le 17 avril 1793 jusqu'au 1er mai 1794, les troupes républicaines, et notamment le corps appelé des Allobroges, qui, dans leur fureur révolutionnaire, faisaient également la guerre à la religion, en pillant les temples et brûlant les images des Saints, portèrent une main téméraire sur notre tombeau, le renversèrent, l'ouvrirent, l'eau qu'il contenait fut versée. Laissé à découvert, il fut rempli d'immondices pendant plusieurs mois, à la vue de tous les habitants d'Arles, qui ne cessaient de gémir de cette profanation.

Lorsque la miséricorde du Seigneur permit de voir le jour si désiré du rétablissement de la religion, quelques habitants d'Arles, dont quelques-uns existent encore, s'empressèrent de tirer ce tombeau de l'état de profanation où il était réduit depuis si longtemps. L'intérieur en fut lavé et nettoyé avec soin, et, au grand étonnement de toutes les personnes présentes, l'eau reparut au même instant sur les parois intérieures du même tombeau, et allait se réunir au fond de sa concavité. On cria au miracle, et les assistants, ainsi que le reste des habitants, répandirent des larmes de joie, en voyant que le Seigneur daignait récompenser leur foi et leur confiance, en permettant le renouvellement de cette eau miraculeuse. Ils s'empressèrent de recouvrir avec son couvercle ledit tombeau, scellé en plomb, avec des crampons de fer, comme il était auparavant, et fut remis à sa place. Depuis, l'eau existe encore et il s'en fait annuellement une grande distribution, soit aux fidèles de notre département, soit aux habitants de la Catalogne, et notamment en notre fête patronale et à l'époque de l'octave de la fête de saint Ferréol, qui a lieu à Céret, pendant laquelle il y a, à Arles, un grand concours d'étrangers qui viennent visiter nos saintes reliques, et le prêtre chargé de distribuer l'eau, en distribue, bien souvent, pendant ladite octave, plus que le tombeau ne peut en contenir, sans qu'on y remarque la moindre diminution.

Comme ce n'est pas ici une simple relation faite à plaisir, et qu'il existe encore plusieurs témoins oculaires, et qu'on a négligé jusqu'ici d'en faire rédiger acte, pour en perpétuer la mémoire, les soussignés ont l'honneur de prier Votre Grandeur de vouloir bien nommer un commissaire, et l'autoriser à recevoir, d'après serment, les déclarations des personnes existantes, qui furent présentes au renouvellement de l'eau miraculeuse, en faire rédiger acte authentique, pour expédition collationnée en être déposée aux archives de la marguillerie de la paroisse d'Arles, afin qu'un prodige aussi authentique ne puisse être révoqué en doute par les incrédules les plus obstinés.

Arles, le 2 octobre 1825.

FERRER, curé, ch. hon.; ALIBERT; VILASÉCA; JEAN GALANGAU; MOURAGUES; DE GUARDIA; AB. FITE.

Certifié véritable par le Curé de ladite paroisse d'Arles-sur-Tech, chanoine honoraire.

Arles, le 2 octobre 1825.          FERRER, curé.

Vu la supplique ci-dessus qui nous a été adressée par les membres de la marguillerie de la paroisse d'Arles, tendante à ce qu'il nous plaise de nommer un commissaire et l'autoriser à recevoir, d'après serment, les déclarations des personnes existantes qui furent présentes au renouvellement de l'eau, dite miraculeuse, prodigieuse et surnaturelle, qui se trouve au lieu où réside la sépulture, dite vulgairement : *la sainte tombe des Corps Saints de la ville d'Arles*, et en faire rédiger acte authentique, pour expédition collationnée en être déposée aux archives de la susdite marguillerie, afin qu'un pareil prodige, une fois établi par de tels témoignages, ne puisse être révoqué en doute par les incrédules les plus obstinés; à ces fins et pour ces causes, Nous avons nommé et nommons commissaire M. Delagrange, curé de Prats-de-Mollo.

Perpignan, ce 10 octobre 1825.

† Jean-François, Évêque de Perpignan.

Enregistré à Céret, le 25 février 1826, folio 134, recto, case 2, reçu 1 franc 10 centimes.　　　　　F. Gouzy.

———

L'an mil huit cent vingt-cinq et le vingt-neuf du mois de novembre, à la ville d'Arles, arrondissement de Céret, département des Pyrénées-Orientales, dans l'église paroissiale de la même ville, et en présence de MM. Abdon Ferrer, prêtre, curé; Michel Matillo, prêtre, vicaire; Jean Galangau, maire; Joseph Costa, adjoint au maire; Jérôme Ferrer, prêtre habitué; Joseph Desclaux, juge de paix du canton d'Arles; Abdon Fito, greffier; Jacques Ripoll, notaire royal; Philippe Cassouli, notaire royal; Joseph de Guardia, Xavier Pallarès, Dominique

Jofre, Philippe Palanca, Jérôme Noëll-Cadaux, membres du conseil municipal de cette ville d'Arles; Abdon Vila-séca, Joseph Mouragues, marguillers; Charles Pujade, Abdon Carbonne, Abdon Maler fils, Joseph Hortet, Joseph Barjau, Joseph Mouragues, tailleur, adminis-trateurs ou pabordes de la chapelle des saints martyrs Abdon et Sennen, patrons de ladite paroisse d'Arles; François Vilanova; Joseph de Guardia fils, Sébastien Serradell, propriétaires; Auguste Cateland, marchand chapelier; Raymond Thibaut, Sennen Doufflagues, pro-priétaires; Etienne Doufflagues, officier de santé; Abdon Julia-Izern, propriétaire; Sennen Pujade, maréchal à forge; Jacques Dubois, Jacques Desclaux, propriétaires; Bertrand Lafargue, négociant; Joseph Pujade, droguiste; Michel Galangau, pharmacien, et autres personnes des plus notables de cette ville, que nous avons fait appeler, pour donner plus d'authenticité à nos opérations, par devant nous; Louis Delagrange, prêtre, curé du canton et de l'église paroissiale de Prats-de-Mollo, même arron-dissement, diocèse de Perpignan, chanoine honoraire de la cathédrale de Carcassonne, ainsi que de celle de Perpignan, docteur en théologie, commissaire, nommé par ordonnance de M<sup>gr</sup> Jean-François de Saunhac-Belcastel, évêque de Perpignan, en date du dix octobre dernier, au fins de recevoir, d'après serment, les dé-clarations des personnes existantes qui furent présentes au renouvellement de l'eau miraculeuse, prodigieuse et surnaturelle, qui se trouve dans la sainte tombe, à côté de la porte d'entrée de cette église, vulgairement dite la *tombe des Corps Saints de la ville d'Arles*, et en rédiger acte authentique, ladite ordonnance, rendue au bas d'une supplique de Messieurs les membres de la Marguillerie de la paroisse de ladite ville d'Arles, laquelle supplique et ordonnance restent annexées au présent procès-verbal, ont comparu séparément, et sur l'indication qui nous en a été faite par Messieurs les susdits Curé et Vicaire, et Abdon Fite :

1° M. Bosch, lequel, après avoir mis la main droite sur sa poitrine, a juré de dire la vérité et toute la vérité; a dit s'appeler Michel Bosch, prêtre habitué de ladite paroisse d'Arles, chargé, jadis, de distribuer l'eau dite des Corps Saints aux fidèles, originaire de Saint-Génis, domicilié à Arles, âgé de cinquante-huit ans. Lecture à lui faite des faits contenus à la susdite supplique, il a déclaré qu'au mois de juin de l'an mil sept cent quatre-vingt-quatorze, étant arrivé à Arles, pour servir la paroisse, il trouva la tombe et son couvercle renversés, à ce qu'il entendit dire par plusieurs personnes, par le fait d'un corps de troupes, dit les Allobroges, à leur passage à Arles, le mois de mai de la même année, qui faisaient partie de l'armée républicaine allant en Espagne; qu'il y remarqua que la sainte tombe contenait encore un peu d'eau et des immondices; que ladite tombe resta ainsi découverte et son couvercle par derrière ladite tombe jusqu'à l'époque de l'année suivante, qu'il leur fut permis d'exercer à l'église le culte catholique; qu'au commencement du mois d'octobre de l'an mil sept cent quatre-vingt-quinze, ne pouvant point préciser le jour fixe, il se rendit, d'après les instances de quelques fidèles de cette paroisse, au lieu où se trouve la susdite tombe, laquelle était alors sèche et sans eau, il la fit bien nettoyer, et il observa et vit, ainsi que toutes les personnes présentes, qui étaient en grand nombre, et à leur grand étonnement, qu'au fur et à mesure qu'on frottait la tombe pour la bien essuyer avec des serviettes propres, l'eau suintait de toutes parts dans son intérieur; puis il fit remettre le couvercle sur la tombe et se retira. A l'époque de la solennité qui se fait tous les ans, le dimanche le plus immédiat du 24 octobre, de la translation des saintes reliques des saints Abdon et Sennen, la même année mil sept cent quatre-vingt-quinze, et avant la célébration de l'office divin, il alla, processionnellement, sur le lieu où repose la sainte tombe, où étant, il fit retirer un peu le couvercle, et, à son grand étonnement, ainsi que de celui des fidèles qui assistaient à la procession, ils virent qu'il y avait dans ladite tombe environ un pan ( 25 centimètres ) de hauteur d'eau, de laquelle il en remplit une bouteille pour une dévote de la paroisse de Fourques, nommée Baselice Gély, et à l'instant, et avant que de rentrer à l'église, il fit plomber ledit couvercle, avec des crampons en fer, tel qu'il se trouve aujourd'hui. Depuis, il distribua de la même eau aux fidèles qui en demandaient, qui se présentaient en foule, notamment aux fêtes patronales, où il s'est trouvé en distribuer, dans une seule matinée, au moins cent cinquante bouteilles, sans jamais avoir remarqué la moindre diminution du volume d'eau. Ce qu'il a dit savoir pour l'avoir vu et bien vu; en foi de quoi, il a signé.   M. Bosch, prêtre.

*( Suivent les dépositions, à peu près semblables, des vingt-trois autres témoins. ) (1)*

-----

(1) Voici leurs noms et professions : Marguerite Roure, épouse de Joseph Prat, tisserand; Valent Comails, propriétaire;

De tout ce que dessus, nous en avons dressé le présent procès-verbal, pour servir et valoir en ce que de droit, que nous avons signé avec les Messieurs que nous avions appelés auprès de nous pour donner plus d'authenticité à nos opérations, lequel sera par nous transmis en original à Monseigneur l'Evêque de Perpignan.

*( Suivent les signatures.)*

Vu et approuvé.

Perpignan, le 22 décembre 1825.

† J. FRANÇOIS, Évêque de Perpignan.

Enregistré, à Céret, le vingt-cinq février mil huit cent vingt-six, folio 154, recto, case 5. Reçu deux francs vingt centimes.

Gouzr.

---

## Du 22 mars 1752. — N° 40.

*Procès-verbal de visite de la tombe des Corps Saints, faite par le révérendissime Abbé de Saint-Martin, extrait de l'étude de M<sup>e</sup> Morer, notaire à Arles-sur-Tech.*

Au nom, gloire et louange de Dieu et de Notre-Dame Vierge Marie, sa mère, et des glorieux martyrs saints

---

Jean Bonade, ferblantier; Antoine Sicra, maçon; Marguerite Pujade, veuve de François Mauro, menuisier; Marie Faig, épouse de Jean Carbonne, voiturier; Jerôme Serradel, pharmacien; Antoine Vails, propriétaire; Michel Marrot, taillandier; Jacques Alibert, négociant; Étienne Boix, cultivateur; Abdon Desclaux-Cômes, droguiste; Thérèse Auzell, épouse de Jean Moret, propriétaire; Thérèse Llobére, épouse d'Antoine Baills, propriétaire; Siméon Galibern, boucher; Pierre Lafont, négociant; André Vilaséca, propriétaire; Madeleine Deyt, veuve de Pierre Canal, forgeron; André Oms, fournier; Thérèse Canal, épouse de Pierre Portes, charbonnier; Juste Alberty, épouse de Jean Moragues, infirmier; Rose Anglada, épouse d'Antoine Saurat, cordonnier; Rose Garcerie, veuve de Louis Vidal, cabaretier.

Abdon et Sennen, et autres saints et saintes du paradis, soit fait. Amen.

Personnellement constitué, le très-illustre et révérendissime Fr. don Jacques Bombes, abbé régulier de l'abbaye royale de Saint-Martin-de-Canigó, ordre claustral de Saint-Benoît, de nul diocèse, de la congrégation de Tarragone et Sarragosse, visiteur des abbayes du même ordre en Roussillon, conjointement avec l'illustre et très-révérendissime Fr. don Joseph de Réart et de Taqui, grand prévôt de l'abbaye royale de Saint-Michel-de-Cuxa, également visiteur, lesquels ont dit, déclaré et vérifié, en présence des illustres et très-révérends Fr. Antoine Gonzalvo, camérier, prieur claustral, vicaire-général et official, le siége abbatial vacant; Fr. Raymond Noëll, prieur de la Perche; Fr. Abdon Anglade, infirmier et prieur de Sainte-Engrace; Fr. Sylvestre Bonabosch; Fr. Noëll-Chambon, sacristain; Fr. Jean Ay, aumônier; Fr. François Batlle, précenteur, religieux-profès du monastère de Notre-Dame de la ville d'Arles; le très-révérend Jacques Janolet, prêtre et curé de Saint-Pierre-du-Riu-Ferrer; le révérend M⁰ Hyacinthe Boy, prêtre-bénéficier, portionnaire; M⁰ François Faure, prêtre-bénéficier, portionnaire; révérend M⁰ Pierre Fuix, prêtre-bénéficiaire, portionnaire; révérend M⁰ Antoine Marsol, prêtre-bénéficier et Joseph Sanguinet, clerc-bénéficier, portionnaires, tous communautaires de la communauté des religieux et prêtres dudit monastère, comme aussi en présence des sieurs Damien Bonabosch, bayle de ladite ville; Sauveur Anglada, premier consul; Jean Escoffet, second consul; Jacques Baus, troisième consul; Joseph Merla, clavaire, et autres officiers de l'hôtel-de-ville; du S' Abdon Cams de Torrent, bourgeois honorable et immatriculé de la ville de Perpignan; du sieur Félix Guardia, citoyen honorable et immatriculé de la cité de Barcelone; du sieur François Maler, bourgéois; du sieur Joseph Julia, bourgeois; du sieur Jean Lanquine, receveur des fermes du roi au bureau d'Arles, domicilié à Arles; du sieur Joseph Vinyes, bourgeois de Millas; du sieur Guillaume Roudière, marchand; du sieur Jacques Cantaloup, marchand, et autres honorables personnes dudit Arles; — qu'ils se sont expressément transportés, en cours de visite, revêtus de leurs habits de chœur et de l'étole, au lieu où réside la sépulture dite vulgairement la sainte tombe des Corps Saints, qui contient cette eau prodigieuse, miraculeuse et surnaturelle, qui, tous les jours, opère une quantité de miracles surprenants; ils ont ordonné de la tirer de son assiette ordinaire, qui est appuyée sur deux pierres mouvantes de marbre, pour voir et examiner s'il y aurait quelque canal ou quelque conduit qui put introduire une eau étrangère à la sainte tombe, et après avoir vu et examiné avec toute l'attention et l'austérité possibles, en présence de tout un peuple assemblé, ont vu qu'il était naturellement impossible qu'aucune espèce d'eau étrangère put se communiquer dans la sainte tombe, d'autant plus qu'il n'y a aucun canal, ni aucun ressort, ni aucune fente, même dans la partie inférieure de la sainte tombe, qui puisse recevoir de l'eau, d'où Messieurs les Visiteurs ont conclu que cette eau était véritablement prodigieuse et surnaturelle, et ont exhorté le peuple à continuer leur dévotion.

De tout ce que dessus ont requis acte, qui leur a été

octroyé par nous Michel Julia, notaire royal, et François Vilar-Maler, notaire royal et secrétaire du très-illustre chapitre dudit monastère, soussignés.

Fait et passé dans la ville d'Arles, le vingt-troisième mars, de l'an de grâce mil sept cent cinquante-deux, en présence du sieur Jean Barrère, régent d'école d'Arles; du sieur Michel Bonabosch, droguiste de la même ville; du sieur Alexandre de Lagrange, chirurgien-major de l'hôpital royal de Prats-de-Mollo, témoins : lesquels, requis de signer, ont signé avec parties et nous, notaires royaux, susdits soussignés, simul stipulantes.

*( Suivent les signatures. )*

## IV.

**Miracles opérés par l'intercession des Saints Martyrs
et par l'Eau Miraculeuse.**

Nous extrayons de l'ancienne Notice catalane les quelques faits suivants :

Un habitant de Pla-de-Corts, nommé Jean Tranquer, ne pouvait, depuis longues années, faire un pas sans béquilles. Un jour que l'on portait processionnellement à Perpignan, les corps des martyrs Abdon et Sennen, il sortit de sa maison, s'agenouilla pieusement devant les saintes reliques, et fit vœu, s'il était guéri, de suivre la procession jusqu'à son retour à Arles. Il fut exaucé sur-le-champ, et accomplit son vœu.

Pendant que les Saints étaient à Perpignan, une femme paralytique fut apportée sur un lit et placée devant les saintes reliques. Elle fut guérie instantanément, ainsi qu'une autre femme, affligée de la même maladie, qui s'était fait transporter à Arles à l'autel des Saints Martyrs. — On raconte également qu'une aveugle ayant fait vœu aux Saints de placer à leur autel, en *ex voto*, deux yeux d'argent, recouvra aussitôt la vue.

En 1492, la province de Roussillon étant affligée d'une grande sécheresse, les seigneurs consuls de Perpignan obtinrent de l'abbé du monastère d'Arles, qu'il apportât processionnellement, jusque dans leur ville, les corps des Saints Martyrs. La procession était à peine commencée que l'eau tomba en abondance. Le même miracle se reproduisit souvent, en particulier l'an 1519, pour la ville de Perpignan, et en 1589 pour celle d'Arles.

Un jour de fête, pendant que l'on prêchait en l'église d'Arles, on vit jaillir tout à coup un éclair si éblouissant, accompagné d'un si formidable coup de tonnerre, que le prédicateur effrayé descendit de la chaire et se jeta à genoux au milieu du peuple en prière : alors, au milieu d'une affreuse obscurité que les éclairs seuls dissipaient par intervalles, les religieux apportèrent les saintes reliques et les placèrent devant le Saint-Sacrement que le Curé avait tiré du tabernacle. La tempête cessa aussitôt, et la grêle, qui était tombée en abondance, ne causa aucun dégât.

Un homme de la paroisse de Saint-André de Montbolo, nommé André Noguer, faisait un jour paître son troupeau dans un endroit de la montagne appelé la Parra. Survint un violent orage qui le contraignit à s'abriter sous un rocher. Tandis que là, plein d'effroi, il songeait aux désastres qu'éprouverait son village si la tempête suivait sa direction, il entendit comme une voix de démon qui, semblant s'adresser à l'orage, disait: Poursuis, poursuis ta route. — Je ne le puis, répondit une seconde voix. — Pourquoi? — Parce qu'Abdon et Sennen me barrent le passage. — Et la tourmente s'apaisa.....

De retour à Montbolo, le berger raconta ce qu'il avait

entendu. Le Curé et les habitants, persuadés qu'ils avaient été sauvés d'un grand danger par la protection des Saints Martyrs, leur rendirent de grandes actions de grâces, et firent vœu d'envoyer à Arles, chaque année, le 31 juillet, un don consistant en une quantité de bougie roulée, du poids de 1,666 grammes (1). Ils accomplissent encore fidèlement ce vœu de nos jours.

*Le trait suivant est relaté dans un ouvrage de Mgr. Bartolini :*

Lors de la première expédition de Rome, le 30 avril 1849, M. Joseph Puigarry, de Perpignan, capitaine du génie, s'était avancé à la tête de sa compagnie jusque sous les jardins du Vatican; mais obligé de reculer devant des forces supérieures, il se replia sur le Monte-Verde. Là, cerné par les révolutionnaires, qui faisaient pleuvoir sur sa compagnie une grêle de balles, il se recommanda à Dieu par l'intercession des saints Abdon et Sennen. Cependant ses hommes tombaient autour de lui sous le feu meurtrier de l'ennemi; lui-même attendait d'un moment à l'autre la mort qui lui semblait inévitable, quand tout à coup les révolutionnaires cessent leur feu et s'éloignent. Le capitaine reste sain et sauf au milieu de ses hommes presque tous tués ou bles-

---

(1) Cette bougie, tournée en spirale, forme un large disque assujetti au bout d'un long bâton, au moyen d'une double croix de lattes minces garnies de fleurs, que le clergé et l'autorité locale, musique en tête, vont recevoir processionnellement à l'entrée de la ville.　　　　　*(Guide en Roussillon)*.

sés... Qu'on juge de sa reconnaissance envers les Saints Martyrs ! Il se plaisait à raconter le danger auquel il avait miraculeusement échappé par leur secours, et ne voulut pas quitter Rome sans avoir visité leur tombeau. Il se fit donc conduire aux catacombes Pontiennes. Là on lui apprit qu'elles étaient situées sous le Monte-Verde. « Le Monte-Verde ! s'écria-t-il, c'est précisément l'endroit où les saints Abdon et Sennen m'ont si merveilleusement protégé ! » Et en disant ces mots, des larmes s'échappaient de ses yeux : touchant témoignage de reconnaissance de la part de ce brave et digne militaire !

---

*La relation du fait miraculeux suivant nous a été communiquée par M. le Curé d'Arles; elle est écrite par la personne même qui a été l'objet de la protection des Saints Martyrs. Nous en extrayons les principaux passages, en conservant scrupuleusement les expressions de l'auteur.*

**Guérison obtenue par l'intercession de Saint Abdon et de Saint Sennen, martyrs.**

Dans le mois de mai de l'année 1847, au Petit-Séminaire de Carcassonne, dont j'étais élève, je fus atteint d'une hémorragie pulmonaire... Le mal fit de rapides progrès, et... je fus réduit à cette extrémité où les moyens humains ne sont d'aucun secours.

Monsieur le Supérieur invita alors la communauté à s'adresser à celle que l'Église invoque sous le titre de... *Salus infirmorum;* une messe... fut célébrée, à mon intention, à la chapelle de Marie...

« Ce jour là même arriva à l'hôtel de l'Ange, à Carcassonne, un missionnaire,... le père de Soissaus, de la Compagnie de Jésus. Il s'était arrêté à Arles, pour y prêcher...

Malgré la distance considérable de l'hôtel au Petit-Séminaire, le Missionnaire y vint demander l'hospitalité. Suivant la coutume, on lui fit l'accueil le plus bienveillant... Pendant qu'il prenait son repas, [ il ] s'entretint, avec M. le Supérieur, de l'église d'Arles, qui possède les reliques des Saints martyrs Abdon et Sennen, dont le tombeau contient une eau miraculeuse... Il ajouta qu'il portait deux flacons de cette eau.

M. le Supérieur interrompit l'étranger : « Sans « doute, lui dit-il, la Providence vous adresse ici « pour guérir un malade. Serez-vous assez bon pour « nous céder un de ces flacons ? » Sur la réponse affirmative du Missionnaire, M. le Supérieur s'empressa de me porter cette heureuse nouvelle : « Le « bon Dieu vous envoie un médecin, me dit-il. » Le pieux Missionnaire qui suivait de près.... ajouta, avec non moins de conviction : « Oui, mon enfant, « je vous guérirai. » Après quelques paroles... pour me faire connaître la vertu de l'eau miraculeuse et m'exciter à la confiance, [ il ] se retira, témoignant le regret de ne pouvoir rester plus longtemps, et se fit suivre du portier, auquel il remit un des flacons... L'eau en était parfaitement limpide comme celle des sources les plus pures. Après m'avoir prévenu de faire le signe de la Croix, et de m'exciter à la foi la plus vive, M. le Supérieur me présenta une partie de cette eau. Je n'avais pas fini de la boire [ que ] j'avais senti s'opérer en moi quelque chose d'extraor-

-dinaire : j'étais guéri. Cet évènement arriva le 4 juin 1847.

A partir de ce moment les vomissements de sang ne se renouvelèrent plus, la fièvre me quitta, et l'estomac me fit éprouver le besoin de prendre quelque nourriture. Néanmoins l'eau qui restait dans le flacon me fut donnée.

Le lendemain je quittai le lit; le surlendemain je pus me promener dans les cours de l'établissement; et le quatrième jour il me fut possible de revenir [ dans ] ma famille, en accomplissant, sans éprouver aucun mal, un voyage de soixante kilomètres, dont la dernière moitié à travers les montagnes et par des chemins difficiles, pénibles même pour des personnes valides.

Quoique d'un tempérament délicat, comme avant ma maladie, j'ai conservé depuis assez de santé pour remplir, dans une paroisse rurale, les pénibles fonctions du ministère ecclésiastique.

C'est aux instances de M. l'abbé Bonaventure Juval, curé d'Arles-sur-Tech, et par reconnaissance pour mes glorieux protecteurs Abdon et Sennen, martyrs, que j'ai fourni la présente relation, dont j'atteste la vérité et la parfaite exactitude.

Soulatge ( Aude ), le 23 janvier 1868.

J. A. CHINAUD, prêtre.

La relation de M. l'abbé Chinaud est parfaitement exacte.

Eue ARNAL,
Ancien Supérieur du Petit-Séminaire de Carcassonne.
Lyon, le 25 mars 1868.

---

*Saints martyrs Abdon et Sennen, priez pour nous!*

# TABLE.

—



FIN.